INDICE (interactivo)

Pag. 2   Bienvenida
Pag. 5   Presentación
Pag. 9   Resumen 5 Claves
Pag. 11   1ª Clave Equipo Humano
Pag. 16   2ª Clave Oferta Gastronómica
Pag. 22   3ª Clave Imagen y Mensaje
Pag. 25   4ª Clave Ventas y Atención al Cliente
Pag. 29   5ª Clave Marketing y Fidelización
Pag 59   Tips adicionales
Pag. 81   Conclusiones

© 2024 María Teresa Ferrer Ros. Todos los derechos reservados. Este libro no puede ser reproducido, distribuido ni utilizado de ninguna manera sin el permiso por escrito del autor.

www.EmComSoluciones.es mayte@emcomsoluciones.es
+34 671 467 004

Hola, ¿qué tal?

Hola, ¿qué tal?

Si estás leyendo esto, puede que te encuentres en una de estas situaciones:

Te has cansado de invertir tiempo y esfuerzo en tu negocio sin ver los resultados que esperabas, y has decidido dar un paso más contratando mis servicios.

Eres un emprendedor/a que busca empezar con buen pie, evitando los errores comunes en la hostelería.

O, quizás, este libro te ha llegado de la mano de alguien que se preocupa por ti, porque sabe que necesitas una guía para transformar tu negocio y tu vida.

Sea cual sea la razón, te felicito por estar aquí. Porque este no es un libro más sobre gestión; es una herramienta práctica y directa que recoge mi experiencia en el sector y está diseñada para ayudarte a alcanzar tus metas, mejorar tu calidad de vida y la de quienes te rodean.

Tenemos claro que gestionar un negocio de hostelería no es tarea fácil. Es un sector que exige mucho: largas jornadas, sacrificios personales y constantes desafíos. Si a eso le sumamos factores externos como la pandemia de 2020, la montaña rusa emocional, física y económica puede ser abrumadora. Pero también es un sector lleno de oportunidades, creatividad y satisfacción.

La clave está en adoptar una mentalidad proactiva, en lugar de reactiva. En lugar de esperar que las cosas mejoren por sí solas, debemos ser nosotros quienes tomemos las riendas, aprendiendo, planificando y ejecutando con estrategia. Y ahí es donde este libro entra en acción.

En las siguientes páginas, te contaré **lo que no te enseñan en las escuelas de hostelería ni en los masters de gestión empresarial**. Te compartiré herramientas, estrategias y consejos que he recopilado a lo largo de más de 30 años de experiencia, desde que empecé como aprendiz en el restaurante familiar, pasando por mi primer negocio propio, hasta convertirme en una profesional apasionada por el sector.

Pero, además, quiero ir más allá de los números y las estrategias. Quiero ayudarte a reconectar con la visión y los sueños que te llevaron a emprender este camino. Porque sí, es posible tener un negocio rentable y, al mismo tiempo, disfrutar de una vida equilibrada. La clave está en construir unas bases sólidas, con objetivos claros, un equipo comprometido y un enfoque en el cliente.

Te advierto que este libro no es una fórmula mágica ni una solución rápida. Es un mapa que requiere tu compromiso para recorrerlo. Si decides avanzar, te aseguro que encontrarás en estas páginas una guía práctica, honesta y llena de aprendizajes reales.

Así que, ¿estás listo/a para transformar tu negocio y tu vida? ¡Vamos a por ello!

¿Qué y Quien es EmCom Soluciones?

EmCom Soluciones

Hostelería & Restauración

"Soluciones integrales desde la cocina hasta la oficina"

El nombre de EmCom soluciones es la abreviatura de empleo y comercio soluciones, y es una empresa que nació a finales de 2016 con el objetivo de aportar ideas y soluciones eficaces para la recuperación económica del comercio de proximidad y en especial, del sector hostelería y restauración por la gran experiencia que me avalan, al mismo tiempo, ofrecemos orientación para la creación de empleo estable, saludable y rentable.

Empleando la economía del conocimiento, la economía colaborativa y una buena planificación financiera

Pero... Quien hay al frente ...

¡¡Hola de nuevo!!

Soy María Teresa Ferrer, o Mayte cómo todos me llaman.

Fundadora y CEO de EmCom Soluciones S.L

Empresaria, emprendedora empedernida, amante del conocimiento en general, de la buena gastronomía, los números y sobre todo del trabajo en equipo.

Llevo en el mundo de la hostelería desde 1991, año, en el que empecé como aprendiz en los puestos de mercadillo que mi abuela materna tenía por varias localidades de Cataluña y vendiendo diversos productos dependiendo de la temporada, y desde 1993 en el restaurante familiar, en 1995 monté mi primer negocio, un chiringuito en la playa de

Castelldefels, Barcelona con la ayuda de financiación de mi abuela materna...

Cuando empiezas tus andaduras laborales en empresa familiar y encima te gusta, es muy difícil adaptarte a ser empleada por mucho tiempo, pero aunque mi primer negocio fue todo un éxito, vi que tenía mucho que aprender y eso hice...

En estos más de 30 años, he adquirido conocimientos y experiencia, en todas las áreas de un restaurante

- Cocina tradicional y temáticas empleando diversas técnicas y disciplinas
- Servicio en sala, atención al cliente y venta dirigida
- Servicio en barra y coctelería
- Gestión de personal
- Gestión de compras y facturación, gerencia, etc.

A demás, como me encanta ampliar conocimientos también cuento con formación y experiencia sobre:

- Gestión de empresas y contabilidad
- Bio-programación y PNL
- Marketing digital
- Y alguna que otra materia más...

Dichos conocimientos y experiencia sumados a mi pasión por el sector me ayudan a tener una visión global de diversas situaciones en el entorno de un restaurante y a dar soluciones eficientes basadas en la realidad del día a día y no en teorías.

El sector Hostelería y Restauración es un ser vivo tanto en esencia como en su desarrollo diario...

Y ello se debe a que, por un lado, no trabajamos con productor o servicios de precios fijos, sino que el coste de nuestros productos varía en función de infinidad de factores que se escapan a nuestro control y por otro lado está el factor humano tanto a nivel operativo como el público al que nos dirigimos.

Las personas encargadas de la elaboración de nuestros productos no siempre tienen la misma actitud, ánimo, etc... para elaborarlos, el personal de sala, tampoco están exactamente igual diariamente, y le pasa lo mismo a nuestros clientes, que no siempre están exactamente igual y lo que un día les puede parecer una comida deliciosa y disfrutar de un servicio y una atención excepcional, al siguiente, le puede parecer que no está tan bien o incluso despreciarla, pero aunque el cocinero/a lo haya elaborado exactamente igual y el camarero/a lo haya atendido con todo el cariño del mundo todo dependerá de la actitud y del ánimo que cliente traiga ese día.

Algo que también nos pasa a todos los emprendedores de este sector concreto, es que dedicamos demasiadas horas a nuestros negocios convirtiéndose poco a poco en una jaula que nos acapara prácticamente todas las horas del día, por a veces mucho menos de lo que ganábamos como empleados por cuenta ajena, y este, es otro factor muy importante en el éxito o fracaso de nuestro negocio puesto que va agriando el carácter, mermando las ganas de trabajar y sobre todo la ilusión con que empezamos…

En la mayoría de los casos es solo por falta de una base sólida inicial, Visión, valores y objetivos bien detallados, planificación consciente sobre objetivos marcados, equipos de trabajo sin la formación adecuada, o simplemente por miedo a delegar, pero la buena noticia es…

¡Que si te lo propones y te dejas ayudar casi siempre tiene solución!

Ten en cuenta que abrir o gestionar un negocio de hostelería/restauración sin una planificación consciente confiando en la suerte, porque nuestra cultura es socializar alrededor de una mesa, o que por haber hecho una inversión y trabajar demasiadas horas, solo por eso, vendrás clientes, nos recomendarán y ganarás mucho dinero, ya puedo decir antes de empezar que no es suficiente ni por asomo…

Con este libro quiero que veas, que puedes llegar a ser un empresario o empresaria de éxito, aumentar los beneficios de tu negocio, los tuyos propios y tener una vida saludable tanto tú, como tu equipo al mismo tiempo, con planificación adecuada y un enfoque proactivo.

Pero ojo, es imprescindible que dejes de actuar cómo un empleado/a de tu propio negocio con cientos de horas extras que nadie te paga y que además terminarán por destruirte tanto a nivel económico cómo físico y mental.

Ya es hora de que te conviertas en empresario/a de éxito.

Y me da igual si trabajas tu solo/a con tu familia o que tengas 50 empleados.

La mentalidad es lo que te hará actuar y convertirte en lo que tu quieras y llevar esa vida que querías alcanzar al emprender tu negocio.

Ahora sí, primero veamos un resumen de cuales son estas 5 claves...

Como has podido ve en el índice, he numerado las 5 claves, y en este caso el orden del factor si altera el producto final o lo que es lo mismo el resultado de la facturación y en definitiva los beneficios del negocio y la salud de sus integrantes y lo que es más importante para cualquier negocio, la satisfacción y fidelización de tus clientes.

- **La primera Clave**, Es la base principal del éxito de cualquier negocio de atención al público y este es, el equipo humano, la formación, la comunicación, la gestión económica y la del personal.
- **La segunda Clave**, es la oferta gastronómica. Lo que puedes ofrecer para alcanzar los objetivos económicos del negocio, teniendo en cuenta el público al que te diriges, y las limitaciones físicas y de producción del establecimiento.
- **La tercera Clave**, es la imagen y el mensaje... ¿Puede tu cliente potencial ver y sentir a simple

vista lo que puede esperar de tu negocio, la calidad del producto y del servicio? No o no estás seguro… en esta clave lo explico al detalle.
- **La cuarta Clave**, es la venta dirigida y atención al cliente. ¿Sabe el personal de sala como aumentar el ticket medio por comensal y su rotación partiendo del perfil del cliente? ¿Saben cómo gestionar conflictos para palear la posible mala experiencia de un cliente? Pues en esta clave lo aclaramos.
- **La quinta Clave** y aunque esté la última no menos importante. Es la estrategia de marketing y de fidelización. Como ampliar tus ventas, margen de maniobra y expandir tu negocio sin necesidad cambiar de ubicación o abrir otro local.

CLAVE 1. EQUIPO HUMANO

Mis años de experiencia en el sector, me han demostrado cual es el primer factor de éxito de un negocio y este es, crear unas bases sólidas y sostenibles a largo plazo con planes de acción fácilmente revisables y modificables a corto plazo…

La sociedad en general nos ha hecho creer que un restaurante, cafetería etc, no necesita estudios complejos para trabajar y ganar dinero…

Que teniendo alguien con conocimientos básicos de cocina, alguien que sepa poner platos o bebidas en una mesa, una gama variada de productos que ofrecer, y un buen local en zona de mucho paso y a poder ser zona turística, ya con eso, los clientes vendrán por si solos porque ese tipo de negocios tiene una gran demanda general…

Pues bien, esa creencia heredada hace que este tipo de negocios tengan menos de un 25% de posibilidades de perdurar más allá de los 5 años.

Y si crees que exagero, piensa por un momento... ¿cuántos restaurantes, cafeterías o bares has visto abrir y cerrar en tu barrio en 5 años?

Pues eso pasa en todos los barrios y te lo digo además porque lo he vivido varias veces en primera persona... cómo dice el refrán muchas veces *"en casa de herrero, cuchara de palo"*.

Y eso me ha ayudado a poder ayudarte con muchísima más fiabilidad, porque donde yo he errado, podré evitar que tú puedas errar...

Pero vamos a lo esencial...

Se que no es muy común redactar un plan de negocio objetivo y realista para abrir un restaurante, cafetería o incluso un simple bar de barrio, a no ser que se necesite financiación externa y aun así en muchas ocasiones se redactan con expectativas surrealistas solo para conseguir la financiación solicitada.

Un plan de negocio y de viabilidad bien estructurado con una planificación financiera bien detallada que además proteja nuestros ingresos en casos de accidente, cierre o enfermedad nos ayuda a establecer objetivos alcanzables y medibles a corto, medio y largo plazo, además de permitirnos evaluar los resultados reales Vs los esperados de forma sencilla y constante, con los cuales, podremos medir y adaptar nuestras estrategias a las nuevas tendencias, tecnologías, hábitos de consumo del cliente final, inflación, circunstancias internas o externas si fuese preciso y un largo etc.

Pero todo ello tiene que venir apoyado por un equipo humano bien alineado tanto interno como externo, con formación específica sobre el área a gestionar, con los mismos valores y objetivos, con una comunicación fluida, cordial, proactiva y eficiente tanto entre los propietarios del negocio, la del personal entre ellos mismos, como entre los propietarios y el personal.

Para ello es importantísimo que existan unas normas de ética y calidad que aporte valores a las relaciones humanas empezando desde el propio ejemplo, tanto desde el equipo ejecutivo como el directivo y transmitiéndoles esos valores y objetivos a todo el personal operativo.

Además, sin olvidarnos de aplicar y actualizar las normativas de seguridad obligatorias por ley, protocolos de acoso sexual, registro retributivo, etc…

Si logramos entender y transmitir que todo el equipo es parte imprescindible del éxito de nuestro negocio y que unidos y bien comunicados conseguiremos un beneficio mutuo aún mayor tanto a nivel económico como en calidad de vida, se transmite en el servicio y como consecuencia nuestros clientes quedarán mucho más satisfechos, no solo volverán, sino que nos recomendarán con orgullo.

No nos engañemos, el clima laboral se siente en el ambiente eso lo sabemos, y si este es cordial, atento, de calidad y profesional la probabilidad de éxito se multiplica.

¿No os ha pasado que cuando llevamos mucho tiempo en un mismo trabajo y nos sentimos cansados o abrumados se nos olvida el para qué y porque estamos trabajando en lo que trabajamos? y poco a poco vamos perdiendo la chispa, la pasión o la ilusión…

Cuando eso sucede nuestro negocio empieza a decrecer y si aun no es tarde, podemos recuperarlo.

Para volver al estado inicial sería bueno para recordar, que te hagas algunas preguntas…

- ¿Cuál es el motor que te impulsa, te anima y te motiva a levantarte cada día para abrir tu negocio?
- ¿Por qué abriste el negocio?
- ¿Para qué?
- ¿Qué querías conseguir teniendo tu propio negocio?

- ¿Estas satisfecha/o de los resultados conseguidos?

Si no es así…

- ¿Qué está en tu mano cambiar para revertir los resultados?
- ¿Qué es lo que no está en tu mano cambiar y por tanto has de buscar otro camino o ayuda externa?

Estas, son preguntas básicas que te harán pensar y ver si vas o no en la dirección correcta para alcanzar tus objetivos y metas, y te permitirán tomar las decisiones adecuadas para que vuelvas a tener el control de la situación, de tu tiempo y de tu felicidad.

Tener un plan de negocio a largo plazo bien estructurado, con una planificación financiera bien detallada que además proteja nuestros ingresos en casos de accidente, cierre o enfermedad con estrategias medible y flexible que nos permita redirigir las acciones y decisiones a corto plazo en caso de precisarlo sin que ello nos suponga grandes cambios para el cliente final ni para nuestro bolsillo.

Equipo humano con objetivos y valores afines a la empresa, formación específica del puesto a desempeñar, manual de funciones detalladas evitando la duplicidad u omisión de obligaciones asignadas. Buena comunicación entre todo el equipo y para con los clientes.

CLAVE 2. OFERTA GASTRONÓMICA

Teniendo una base estructural sólida con los objetivos claros y bien marcados, es hora de crear o reacondicionar si fuese necesario, la oferta gastronómica y los servicios que harán posible alcanzar tus metas.

En primer lugar, debes tener en cuenta:

- El espacio de almacenaje
- El de producción
- El aforo de clientes
- Canales de distribución del producto
- El personal de producción y de servicio

Estos factores, serán los que inicialmente marquen las pautas de la cantidad y variedad de productos que puedes ofrecer en la carta, sin saturar la producción.

Puedes crear una carta única o varias dependiendo del turno: desayuno, almuerzo o cena con diferentes ofertas o menús, e incluso una diferente para el servicio take away o de entrega a domicilio.

NOTA IMPORTANTE: es importante que establezcas una especialidad concreta, puesto que ese va a ser tu valor diferencial y el gancho de memoria para que tus clientes y futuros clientes te recuerden y recomienden con mayor facilidad...

Por ejemplo: Especialistas en... Cafés del mundo, desayuno de tenedor, bocadillos caseros o gigantes. Menú casero típico de "xxx", tapas o pinchos, carnes a la piedra, pescados a la brasa, cocina de autor, cocina temática, recetas tradicionales de..., etc.

Una oferta gastronómica especializada nos aporta un valor añadido, mayor control de costes y stock, y agiliza la producción, por el contrario, una carta demasiado extensa y variada puede convertirse en nuestro peor enemigo (y te lo confirmo por experiencia propia) tanto en costes como en la saturación de la producción.

Ahora vamos a la parte tediosa del trabajo…

Escandallos, Cálculo de PVP y fichas técnicas de productos

Los 2,5 puntos más importantes que debes tener en cuenta a la hora de plantearte realizar o no los escandallos y las fichas técnicas de los productos de tu carta son:

- **El escandallo** es la herramienta principal de medición para determinar si un producto aporta ganancias, es neutro o da perdidas.
    - Base PVP: Es la base principal con la que estableceremos el precio de venta al público y es imprescindible disponer del escandallo para asegurarnos que estamos dentro del precio del mercado, obtenemos el margen de beneficios deseado y sobre todo **NO perdemos dinero**.

Nota de ejemplo real: Realicé una consultoría en una cafetería y resultó que estaba vendiendo un bocadillo de jamón ibérico de bellota a un precio de 4.50€ porque así lo tenía el anterior dueño y al no haber hecho los escandallos, no calculo que solo los 100gr que le ponía al bocadillo sin contar con el pan, el tomate, la sal, el aceite, y el tiempo de producción ya le costaba 5.25€, creo que esto ya te lo dice todo…

Hoy en día tenemos 3 opciones para realizar las tareas administrativas de un restaurante.

- ✓ Plantillas de Excel básicas en las que introducimos los datos manualmente en cada receta cada vez que el precio de compra varíe.
- ✓ Libro de Excel avanzado personalizado en el que combinando los cálculos de las diversas bases de datos (Precio de compra del producto, Mermas, ingredientes de cada receta) obtendremos escandallos fiables y combinado las bases de datos de gastos fijos y variables del negocio, tiempo de elaboración del producto y personal de producción y servicio, elementos extras cómo servilletas, cubiertos, etc… más el margen de beneficios deseado podemos determinar el coste del plato final y el PVP. Automatizando el cálculo de coste y PVP solo actualizando la base de datos libro.
- ✓ Contratar un software de gestión integral especializado en el sector HORECA, con un proyect manager que se encargará inicialmente

de crear y formarte para que mantengas tus bases de datos siempre actualizadas, y si no quieres hacerlo tú siempre podrás contratar el servicio de mantenimiento para que ellos se encarguen de mantener actualizada tu base de datos, esto te aporta un análisis en tiempo real las 24h los 365 días del año sobre el stock a medida que vendes con su integración al TPV, poder controlar al milímetro tus pedidos, registrar albaranes y facturas de compra, etc…

- **La ficha técnica** es la herramienta principal necesaria para que tus platos siempre salgan igual, sea quien sea que los elabore, porque cocinar, sabemos todos, (o casi todos jejeje) pero tus platos son tuyos y si tienes clientes que les gustan tus platos, si los cambias cada vez que cambias de cocinero/a, ellos también cambiarán donde comérselos.

Es imprescindible que todo el personal conozca la descripción y los ingredientes de cada plato, como se presentan, que guarnición lleva por defecto, si la pueden cambiar, y sobre todo los alérgenos que estos contienen para poder asesorar al cliente de forma personalizada. Por tanto, no puede faltar la ficha técnica de cada producto.

La ficha técnica, nos da la libertad para:

- ✓ Que cualquier miembro del equipo de cocina, habitual o nuevo, pueda realizar las recetas de nuestra carta y estas salgan siempre igual.

- ✓ Que el personal de sala tenga la información suficiente para orientar al cliente final en cuanto a alergenos e ingredientes básicos de los platos y pueda realizar venta dirigida o recomendación de suplementos adicionales, y las diferentes opciones de maridajes con bebidas específicas puesto que tendrá los datos necesarios para la correcta ejecución de su función.

NOTA IMPORTANTE: Las bebidas específicas nos ayudan a aumentar la facturación y mejorar la experiencia del cliente...

Para ofrecer una variedad de bebidas específicas, especialmente el vino, cavas, cervezas, vermuts, etc...

En primer lugar no es necesario, a no ser que tu especialidad sea una vinoteca con platos de degustación o un restaurante especializado en vinos, tener una carta muy extensa de vinos, por eso tenemos que asegurarnos de elegir o contar con la colaboración de un profesional (sumiller) que nos asesore de cuáles serían los más adecuados tanto en cantidad, variedad, como en precio, basándonos en la oferta gastronómica de nuestro negocio, el entorno y que a su vez este tenga la capacidad de formar al personal de sala para que estos a su vez puedan asesorar al cliente según sus gusto y elección de platos a degustar, (muchas empresas distribuidoras te ofrecen ese servicio gratuitamente)

El resto de las bebidas variará en función de las características del producto a servir, la temporada del año y de la demanda de los clientes, pero sin olvidar revisar la rotación de estos y el espacio disponible para su almacenaje.

Es muy típico pesar o decir, que un restaurante solo tiene éxito por que está a la vista, tiene fácil acceso, está situado en una calle principal o con un flujo constante de personas que pasan por delante…

Pues déjame decirte que conozco muchos establecimientos que están en los confines del mundo con muy mala accesibilidad y sin paso constante de gente, con largas lista de espera que incluyen en sus estrategias comerciales estos 4 factores:

Calidad, buen servicio, un precio justo y un público objetivo claro al que atraer y fidelizar.

***Y recuerda...** El valor de tu negocio depende de todo el equipo, pero el cliente que se va por mala calidad y mal servicio no vuelve a ningún precio*

CLAVE 3. IMAGEN Y MENSAJE

La imagen presencial de un local de hostelería es un conjunto de factores audio visuales y olfativos que envían un menaje al cerebro de nuestros clientes potenciales siendo este el primer responsable de que atraigamos su atención, despertemos su deseo y decidan o no, entrar y consumir nuestros productos.

En estos factores están implicados:

- ✓ La imagen corporativa
- ✓ El mobiliario, maquinaria, menaje, mantelería
- ✓ La decoración e iluminación
- ✓ El vestuario del personal, su higiene personal y su actitud
- ✓ La organización y la limpieza del establecimiento e incluso los olores que salen de la cocina.

(De los factores online hablaré en la 5ª clave)

Para saber si estamos emitiendo la imagen y el mensaje deseado observa negocios similares al tuyo que ya tengan éxito, observa tu propio negocio desde la perspectiva del cliente que quieres atraer, y si no te gusta lo que ves o no sabes cómo mejorarlo es recomendable contar con la experiencia de un asesor de marca y es imprescindible practicar y aplicar La escucha activa, (opiniones de personal operativo y clientes) puesto que nos ayuda a detectar posibles problemas tanto a nivel producción, calidad, servicio, precios, imagen y mensaje que transmitimos o atención al cliente mucho antes de que estos nos supongan un problema grave. Seamos honestos…

cuantas veces te has puesto a mirar la carta de un local y nadie ha venido a darte las buenas horas o preguntarte si puede ayudarte, o te ha recomendado algún plato en específico del día o una oferta para atraerte?

Y cuantas veces te has sentado en la terraza o mesa de un local y has esperado a que algún empleado/a que mantenía una conversación personal con otro compañero/a o revisaba su móvil, se percatase de que llevas un buen rato sentado/a??

Pues todos esos detalles que por deformación profesional nos damos cuenta de otros locales tenemos que hacerlo con el nuestro propio con la misma mirada imparcial.

En cuanto a los mensajes es importante mantener un orden concreto cuando recibimos es estos mensajes ya sean positivos o no tanto para poder ser honestos y justos con la toma de decisiones y acciones a realizar.

Analizar la información recibida, valorar la causa y el efecto provocado y actuar en consecuencia, siempre enfocándonos, en aportar soluciones productivas.

En todo caso, la buena comunicación entre los miembros del equipo, como ya he comentado anteriormente, ha de ser bidireccional, honesta, fluida, constante, equilibrada y siempre con el objetivo de aportar o buscar soluciones a posibles conflictos o problemas, teniendo como objetivo las mejoras constantes del negocio y por supuesto la satisfacción del cliente, que es en definitiva quien hará que alcancemos o no nuestros objetivos de facturación.

Con esto no quiero decir que siempre tengamos que actuar o tomar decisiones a conveniencia del cliente si no son coherentes y nos ayuda a mejorar….

Aquí va una de mi frase favorita…

> *"El cliente siempre tiene la razón y si no es así… el camarero o camarera con mucha educación y simpatía se la puede quitar."*

Es cierto que la satisfacción del cliente es imprescindible, pero también es cierto que muchos clientes pueden llegar a ser muy desagradables e incluso injustos o mal educados a la hora de hacer una reclamación o exponer una queja, ya sea presencial u en formato reseña, por ello, es muy importante que el personal de atención al cliente tanto en presencial (Equipo de sala) como online (Community Manager) sepa cómo dar la vuelta a la tortilla a una situación o comentario o actuación desagradable o irritante.

Y, si no conseguimos de manera amable y educada que el cliente quede satisfecho, siempre nos queda que el resto de los clientes, asistentes o lectores puedan ver o leer que nuestra actuación ha sido en todo momento correcta, respetuosa y ofreciendo soluciones alternativas para solucionar el malestar del cliente y que, aunque el cliente tuviese razón, nosotros hemos hecho todo lo posible para arreglar la situación.

Consiguiendo así un impacto más positivo que enfrentándonos al propio cliente con la misma soberbia o mala educación con la que él o ella nos está tratando.

CLAVE 4. VENTAS Y ATENCIÓN AL CLIENTE

Cuando empecé a trabajar en el sector por cuenta ajena, hace ya algunos años, el director de uno de los primeros restaurantes donde trabajé (Marina Moncho's concretamente) me dio un pequeño discurso el primer día antes de empezar...

***Me dijo:** Tus problemas personales se quedan en la puerta, en caso de que te afecte al desempeño de tus funciones, puedes hablarlo conmigo, que juntos buscaremos la solución. Los problemas laborales ya sean con la empresa y/o compañeros/as se aclaran en la oficina.*

Al cliente, no le interesa si tienes un mal día, problemas familiares, si te gusta o no tu trabajo, si estás descontenta con tu sueldo, tu jefe o tus compañeros.

El cliente, simplemente viene a disfrutar de su comida, a pasarlo bien o a relajarse y sobre todo a que lo atendamos con una imagen cuidada, pulida, limpia, con nuestra mejor sonrisa y a que le recomendemos que comer y beber... y si entre todos lo hacemos bien, nosotros seguiremos teniendo trabajo, ellos seguramente volverán, traerán más clientes, y hasta puede que dejen mayores propinas.

Este discurso se me quedó grabado para siempre y lo he aplicado siempre en mi trabajo y con mis equipos y te aseguro que los resultados son increíbles.

Bueno… Entrando ya en materia sobre la clave que nos ocupa.

En primer lugar, hablaré de la formación, y de la importancia de que todo el personal con contacto directo con el cliente esté bien formado en ventas dirigidas y ventas cruzadas.

Puede que te preguntes ¿Ventas dirigidas? ¿Ventas cruzadas? ¿Para qué? Si lo que tengo es un restaurante, bar o cafetería, ni que fuera una empresa de telefonía…

Pues sí, es una técnica que suelen aplicar los vendedores telefónicos y aumentó su auge desde la aparición de internet. En un restaurante, bar o cafetería se trata básicamente de aplicar las mismas técnicas ofreciendo los productos que le interesa vender al restaurante y añadir complementos que aumentarán el ticket medio por comensal.

Ahora bien, en EmCom Soluciones añadimos la venta consultiva enfocada al sector y se basa en entrenar al personal de sala para que puedan detectar el tipo de cliente tienen delante, como tratarlo, como y donde acomodarlo, que recomendar, como recomendarlo y cuando hacerlo, como despedirlo y el broche de oro, fidelizarlo.

¿Cómo podemos detectarlo?

Cada cliente al entrar o sentarse nos transmite un mensaje corporal y verbal, y, partiendo de ese mensaje podemos crear un perfil inicial y una oferta a medida, mentalmente, para satisfacer sus necesidades en cada momento, también podremos hacernos una idea del tiempo aproximado que va a ocupar la mesa según el perfil inicial y horario en el que se le atiende, ya sea por la mañana a media tarde o en hora de comidas o cenas…

De ahí la importancia, como he comentado al principio de la presentación, de que el personal tiene que conocer todos los productos en la carta, las necesidades de venta de cocina y los posibles complementos y el adecuado maridaje con bebidas específicas.

Es importante que sea el personal quien dirija la conversación desde el inicio con preguntas específicas y concretas, (venta dirigida) obteniendo así respuestas con las cuales podrá crear una oferta personalizada para cada cliente sobre la marcha.

En caso de encontrarnos, que nos los encontramos, con un cliente directo (el que sabe lo que quiere comer y/o beber) siempre se puede ampliar sus opciones ofreciendo algún producto extra (venta cruzada), siempre acorde con su petición lo que nos ayudará a aumentar el ticket medio por comensal.

Eso sí, sin intentar exprimirle la cartera porque se tiene que aumentar la facturación a toda costa... y si nos pide un café no vamos a ofrecerle una langosta para comer...

"Si pongo este ejemplo no es porque sea exagerada lo aseguro, he visto situaciones muy similares..."

Terminando ya con el resumen de esta clave...

Lo que nos demuestran a diario los propios clientes con sus recomendaciones, comentarios, quejas y sugerencias sobre los negocios que visitan, es, que apostar por la calidad, un buen ambiente, y un buen servicio a un precio justo siempre será la mejor inversión...

La competencia siempre va a estar ahí, y siempre encontraremos quien venda más barato que nosotros, por eso tenemos que cuidar y atraer a clientes que valoran nuestro trabajo y viene por la calidad y el servicio.

porque el que viene por precio no valora ni la calidad ni el servicio y se irán en cuanto encuentre otro sitio más barato.

CLAVE 5. MARKETING Y FIDELIZACIÓN

¿Recuerdas que al principio de la presentación hice mucho hincapié en que esta es la última clave en aplicar teniendo un negocio físico?

Esto es porque es la que nos ayudará a darnos a conocer tanto a nivel local como tan lejos como queramos llegar, ampliar nuestro margen de maniobra, y con ello nuestros beneficios.

¡Pero OJO Repito! *Si las 4 claves anteriores no están bien definidas y en concordancia puede hacer provoquemos el efecto contrario al deseado y que en vez de proporcionar buenas experiencias estás se conviertan en malas experiencias para los clientes y que a su vez se viralicen como la pólvora hundiendo así nuestro negocio o incluso saturemos la producción en momentos clave llevándonos a un colapso por exceso de éxito.*

Pues bien, dicho lo anterior, una vez tengas las 4 claves anteriores bien ancladas, y definidas en tu plan de negocio y tus objetivos, toca trabajar con la estrategia de comunicación y venta, online...

Que necesitas saber para integrar tu negocio en los canales de comunicación y distribución más adecuados para este de forma online: "eso, no quiero decir, que tengas que estar en todos sitios"

En este punto, siempre recomiendo inicialmente, si no tienes conocimientos de estrategias de marketing que delegues este trabajo en una buena empresa de Marketing digital, que sean capaces de implementar dichas estrategias y te enseñen a cómo hacerlo por tu cuenta.

Porque no es lo mismo tener presencia digital que estrategia digital, y lo primero sirve para que te vean si es que te buscan y lo segundo es ir a buscar al cliente que quizás no te busca directamente, pero si busca lo que ofreces.

Si te quieres saltar el paso de delegar, aunque no tengas conocimientos, te doy algunos TIPS para que lo intentes por tu cuenta.

Tienes que valorar previamente los canales que te aporten mayor repercusión y te permita atraer a tu cliente objetivo por medios digitales, es muy importante en los inicios de un negocio, invertir en anuncios pagados (Ad) campañas estratégicamente creadas (Festividades y eventualidades nacionales) para dar a conocer tu negocio y atraer el mayor número de clientes posibles.

Cuando digo a campañas de marketing no me estoy refiriendo a captar seguidores sino clientes reales, No hay mejor seguidor que un cliente satisfecho.

Pero, si inicialmente consideras que invertir en Ad (Publicidad pagada) no es lo tuyo, te recomiendo buscar plataformas que te aporten visibilidad a cambio de comisiones. Aunque ellos también te recomendaran que te posiciones en los primeros meses pagando publicidad es sus plataformas así que valora… ¿Pagas comisiones y publicidad? O ¿contratas a especialistas en estrategia de marketing creas una campaña propia sin tener que pagar comisiones?
Te aseguro por experiencia propia que la mejor opción y la más económica es la segunda.

Te pongo un ejemplo…

JustEat te cobra un 30% de comisión por ventas de tus productos en su plataforma, el coste de promocionarte está en los 30 a 100€ al mes en el menor de los casos. Las comisiones son reembolsadas en tu cuenta cada 15 días

Glovoo lo mismo de lo mismo… las comisiones son reembolsadas en tu cuenta cada 15 días a excepción que si quieres que te las depositen diariamente pasas del 30 al 31% de comisión

En ambos casos he puesto que ellos ponen los repartidores por tanto "te ahorras" un puesto de trabajo a tu costa

Si vendes 1.000€ en productos desde su plataforma tú te llevas, descontando la comisión de venta y mantenimiento del servicio unos 675€ esto sin haber pagado publicidad. Ellos se llevan 325€ diarios, semanales o mensuales en dependencia de cada cuanto factures los 1000€ del ejemplo… o sea que puedes facturar 675€ si la facturación es mensual, 2700€ si la facturación es semanal, o 16200€ en caso de que esa facturación la consigas diaria.

Pero ellos te están cobrando 325€ si es mensual, 1300€ si es semanal, y 7.800 si la facturación es diaria

Un buen especialista en estrategias de marketing digital pueden costarte alrededor de unos 500€ mensuales y la inversión en campañas de marketing (Ad) alrededor de 450€, un total mensual de 950€

Y si digo un buen especialista es porque debe tener la capacidad si todo lo demás esta correcto (4 claves anteriores) de hacer que tu inversión se retorne al menos el doble de lo invertido mensualmente, porque está pendiente del resultado de cada campaña, testea la capacidad de captación de varios anuncios en cada campaña para mejorar cada vez más tu estrategia y atraer así más clientes.

Tienes que entender que la presencia online, es solo un escaparate virtual de tu negocio, desde el cual, el cliente podrá ver todo lo que ofreces, siempre y cuando te estén buscando o aparezcas en las búsquedas de Google, pero eso es captación reactiva, te ven de casualidad y a lo mejor te visitan o compran a domicilio si tienes el servicio para probar.

Pero lo que necesita cualquier negocio además de la captación reactiva es la captación proactiva, tú tienes que llevar a sus pantallas tu negocio con anuncios de calidad que capte su atención con una oferta especializada no cientos de productos… Fijate en MaC Donal's o Burger King o similares, venden diversos productos, pero su publicidad se enfoca solo en uno y el resto se vende in situ con ventas por recomendación (Venta cruzada)

Y Recuerda que tu escaparate Online solo ofrece la imagen y el mensaje de forma visual y auditiva, por tanto, es imprescindible tener contenidos con alto valor emocional con ganchos de memoria que cubra o puedan cubrir sus deseos o necesidades en otro momento y que vean tus productos y servicios como una solución a un deseo o necesidad actual o futura.

IMPORTANTE: Si decides tener un sitio web propio, ten en cuenta 3 cosas:
- La estética visual
- la facilidad de navegación, reserva o compra
- La legalidad, esta última ha de cumplir con la legislación vigente en el país donde operas, en el caso de Europa, ha de incluir aviso legal, política cookies, política de privacidad y protección de datos y en caso de tener implantado un e-commerce las políticas de compra, gastos de envío, devolución etc. para evitar la

insatisfacción del cliente e incluso futuras multas innecesarias." y que tengas muy en cuenta que, para publicar imágenes tanto en la web como en redes sociales se ha de contar con el consentimiento por escrito (cómo mínimo verbal) de aquellas personas que aparecen en ellas y pueden reconocerse a simple vista o licencia de uso en caso de que provengan de bancos de imágenes.

Ahora las redes sociales…

Aunque contrates un especialista o lo hagas ti mismo o alguien del equipo, este tiene que captar al pie de la letra la esencia de tu negocio, el mensaje y la imagen, los valores y promesas de calidad y servicio, Para tener una visibilidad efectiva y aumentar la conversión de nuestras publicaciones es muy importante tener un contenido visual de alta calidad y valor emocional, un texto pulido, cuidado y que solo de verlo y leerlo te haga salivar, y sobre todo, insertar llamadas a la acción de forma clara y llamativa, dirigidas a reservar mesa, contratar un servicio o comprar algún producto en concreto, menú u oferta especial.

Si quieres ofrecer servicio a domicilio o para llevar, cuida el diseño del y la calidad del packaging que vas a utilizar.

Es muy recomendable que sea personalizado, alineado con tu imagen y que transmita el mensaje correcto para aumentar la visibilidad del negocio y sobre todo, dado que es obligatorio, que cumpla con las normativas de seguridad alimenticia.

Por otro lado, si no tienes un packaging personalizado incluye siempre en las bolsas de envío o Take Away, ya sean servicio prestado directamente por tu restaurante o por terceros como justEat, Gloovo, etc… Publicidad impresa con ofertas promocionales o vales de descuento para futuras compras que incluyan los datos de contacto del negocio, a mí, me gusta añadir un formulario de satisfacción de cliente (puede ser derivándolos a una plataforma externa como Google my business, tripAdvisor, el tenedor, etc. O formulario propio

incrustado en nuestra web donde también podremos capturar sus datos para facilitar la fidelización de tus clientes ya sean habituales o nuevos).

Otra estrategia que recomiendo y que es muy poco utilizada por la restauración es el aprovechamiento de los datos de contacto obtenidos en los formularios de reserva y satisfacción de clientes para crear una comunicación constante con dicha base de datos por mail, WhastApp o canal de Telegam. Con previa autorización de suscripción de los propios clientes por supuesto.

Felicitación de cumpleaños, navidades, pascua, día de la madre, del padre, fiesta local o nacional, etc…

En las que incluiríamos ofertas especiales, anuncio de eventos, menús especiales por días señalados, notificaciones de nuevos artículos publicados en el blog (en caso de tenerlo), y un largo etc que puede ayudarnos a fidelizar a nuestros clientes y que nos recomienden compartiendo aquello que pueda ser interesante a conocidos, compañeros de trabajo o amigos.

NOTA IMPORTANTE:

LA INTERACTUACIÓN Y FEEDBACK.

Como ya he comentado en el apartado anterior cuando un cliente comenta, se queja (cosa que nunca podremos evitar, ya sea real o exagerada) o interactuar con nosotros públicamente, y en este caso hablo de la presencia online.

El cliente y los demás lectores esperan si o si ver una respuesta también "publica" por parte del negocio

ya sea para dar las gracias por una buena recomendación como también a una crítica, queja o sugerencia de mejora porque eso también nos ayuda y se ha de valorar.

En caso de crítica, queja o sugerencia de mejora es importante aportar alguna solución simbólica por parte del negocio para subsanar su malestar o valorar las sugerencias, haciendo que el propio cliente y resto de lectores se sientan satisfechos con la solución o disculpas (en caso necesario) aportada por el negocio, evitando así también que se alarguen los debates por quien tuvo la culpa, situación a evadir a toda costa porque no hace ningún bien al negocio.

Teniendo en cuenta que el mejor canal de comunicación es la recomendación pero que sin clientes satisfechos no existe tal recomendación.

Te recomiendo que cuides de tu equipo para que realicen bien su trabajo y entre todos cuidéis a vuestros clientes por que serán ellos en definitiva los responsables finales del crecimiento económico o fracaso de tu negocio con su satisfacción/insatisfacción y posterior fidelización y recomendación.

Tips adicionales y ejemplos prácticos reales…

Transformación Digital en la Restauración

En la era digital, los restaurantes tienen la oportunidad de optimizar su funcionamiento y mejorar la experiencia del cliente mediante la implementación de herramientas tecnológicas. Desde sistemas de reservas online hasta el análisis de datos de ventas, la digitalización es clave para la competitividad en el sector.

Ejemplo práctico: Implementar un menú digital con códigos QR no solo facilita las actualizaciones de precios y platos, sino que también ofrece una experiencia más higiénica y moderna a los clientes.

Sostenibilidad en Restaurantes

Adoptar prácticas sostenibles no solo beneficia al medio ambiente, sino que también mejora la percepción del restaurante ante los clientes. Desde la reducción de desperdicios hasta el uso de productos locales, cada acción contribuye a un impacto positivo tanto al medio ambiente cómo a la sociedad.

Ejemplo: Un restaurante que utiliza ingredientes locales y estacionales no solo apoya a la economía local, sino que también ofrece platos más frescos y de alta calidad.

Ejemplo 2: Un restaurante que implementa procesos de filtrado de aceite, aumenta su vida útil hasta un 400%, reduce más de un 30% sus costes.

Innovación Gastronómica

La creatividad y la innovación en la cocina son fundamentales para destacarse en un mercado competitivo. Tendencias como la cocina de fusión, la incorporación de superalimentos o la creación de menús personalizados para necesidades específicas están marcando la pauta.

Ejemplo: Introducir un menú degustación con maridajes específicos puede ser una excelente estrategia para ofrecer una experiencia única.

Gestión de la Experiencia del Cliente

El viaje del cliente comienza mucho antes de que entre al restaurante y continúa después de su visita. Desde el diseño del sitio web hasta el seguimiento postventa, cada interacción importa.

Ejemplo: Incluir herramientas como encuestas de satisfacción o programas de fidelización para construir relaciones sólidas y garantizar la satisfacción del cliente te ayuda a crear una red de recomendaciones sin coste añadido.

Crisis y Resiliencia

Enfrentar desafíos como una pandemia o cambios en la economía requiere estrategias sólidas y flexibles. La preparación para crisis implica tener un plan de comunicación claro, protocolos definidos y la capacidad de adaptarse rápidamente a nuevas circunstancias.

Ejemplo: Un restaurante que durante la pandemia implementó servicios de entrega a domicilio no solo **mantuvo sus** operaciones, sino que también alcanzó nuevos segmentos de clientes.

La importancia del liderazgo inspirador

El liderazgo no se trata solo de dar instrucciones, sino de inspirar y motivar al equipo para que se comprometa con la visión y los objetivos del negocio. Un líder en hostelería debe ser un ejemplo a seguir, mostrando empatía, resolución y entusiasmo.
Consejo práctico: Dedica tiempo cada semana a escuchar activamente a tu equipo. Pregúntales qué desafíos enfrentan y cómo creen que podrían mejorar las operaciones. Este simple gesto fortalece la comunicación y el compromiso.
Dinámicas para fortalecer la cohesión del equipo
"Cambio de roles": Haz que los camareros pasen un día en cocina y viceversa. Esta actividad mejora la empatía y la comprensión mutua de las dificultades de cada puesto.

"El cliente misterioso": Designa a un miembro del equipo para que se haga pasar por cliente y evalúe el servicio. Luego, compartan aprendizajes juntos.

Bienestar laboral como inversión

Un equipo satisfecho es más productivo y se refleja en la calidad del servicio. Implementa acciones como pausas activas, reconocimiento de logros y actividades de formación que además promuevan el desarrollo personal.

Ejemplo: Premia al "empleado del mes" con un pequeño incentivo, como un vale de restaurante o un día libre adicional. Esto fomenta la motivación y el sentido de pertenencia.

Manual de ética y calidad

Diseña un manual breve que explique los valores del negocio, los estándares de calidad y las expectativas hacia el personal. Este documento es una brújula que alinea al equipo y evita malentendidos.

Contenido clave para incluir:

Normas básicas de conducta.

Cómo manejar conflictos internos.

Protocolos para situaciones especiales (por ejemplo, clientes difíciles).

Diseña una carta que cuente una historia

La oferta gastronómica no solo debe atraer al paladar, sino también conectar emocionalmente con los clientes. Una carta bien diseñada es como un libro, donde cada plato tiene un propósito y una historia que contar. Esto no solo mejora la experiencia del cliente, sino que también facilita las ventas dirigidas.

Consejo práctico: Divide tu carta en secciones temáticas que destaquen tus especialidades, como "Delicias de temporada" o "Nuestra tradición reinterpretada". Acompaña cada plato con una breve descripción que despierte el apetito, como "Nuestra versión casera de la paella valenciana, preparada con ingredientes frescos del mercado local".

Escandallos y control de costes

El escandallo no solo sirve para fijar precios, sino también para garantizar la rentabilidad. Cada plato debe ser revisado periódicamente para asegurarte de que sigue siendo viable, especialmente con la fluctuación de precios de los ingredientes.

Pasos básicos para un escandallo efectivo:

1. **Identifica los ingredientes y su coste:** Incluye detalles como peso, precio por unidad y mermas.
2. **Añade los costes indirectos:** Tiempo de preparación, energía utilizada y material de empaque.
3. **Fija un margen de beneficio adecuado:** Ten en cuenta la competencia y la percepción del cliente.

Ejemplo práctico: Una ensalada César puede parecer sencilla, pero si no calculas correctamente el coste del queso parmesano, el pollo, los crutones y la salsa, podrías estar vendiéndola a pérdida.

El poder de la especialización

Los restaurantes que destacan tienen algo en común: ofrecen algo único. Define cuál será tu especialidad y enfócate en optimizar esos platos. Una carta extensa puede parecer atractiva, pero genera más costos y puede saturar al equipo.

Ejemplo: Si decides especializarte en cocina de autor, ofrece un menú degustación con 5 platos estrella. Esto no solo te diferencia, sino que también permite al cliente experimentar lo mejor de tu cocina en una sola visita.

Sostenibilidad en la oferta gastronómica

Cada vez más clientes valoran los negocios comprometidos con el medio ambiente. Adoptar prácticas sostenibles puede ser un valor diferencial para tu restaurante.

Ideas para implementar:

- **Productos de proximidad:** Trabaja con proveedores locales para reducir la huella de carbono y apoyar la economía regional.
- **Reducción de desperdicios:** Introduce un sistema para transformar los restos de comida en compost o incorpora recetas con partes menos utilizadas de los ingredientes (como cremas con piel de verduras).

Ejemplo práctico: Un restaurante que usa frutas de temporada no solo asegura frescura, sino que también reduce costes al evitar productos importados.

Formación del personal sobre la oferta

Es esencial que todo el equipo conozca a la perfección los platos de la carta. Esto incluye:

- Ingredientes y métodos de preparación.
- Alergenos y opciones para dietas específicas.
- Maridajes sugeridos (vinos, cervezas artesanales, etc.).

Tip: Organiza catas o talleres internos donde el equipo pueda probar los platos y aprender sobre ellos directamente. Esto mejora su capacidad para recomendar y vender.

El impacto de la primera impresión

La imagen de tu negocio es lo primero que perciben los clientes, incluso antes de probar la comida o interactuar con el personal. Por ello, cada elemento visible, desde la decoración hasta la limpieza, debe comunicar calidad, coherencia y profesionalismo.

Aspectos clave para una primera impresión positiva:

- **Fachada atractiva:** Un rótulo visible y bien diseñado, iluminación exterior adecuada y un espacio limpio y ordenado.
- **Espacios interiores acogedores:** Colores armoniosos, mobiliario cómodo y decoración alineada con el concepto del restaurante.

Ejemplo práctico: Un restaurante de cocina mediterránea puede utilizar tonos azules y beige, plantas naturales y elementos que recuerden al mar para reforzar la temática.

Psicología del diseño: cómo influir en los clientes

Los colores, sonidos y olores juegan un papel crucial en cómo los clientes perciben tu negocio:

- **Colores cálidos (rojos, naranjas):** Estimulan el apetito y crean un ambiente dinámico.
- **Colores fríos (azules, verdes):** Aportan calma y elegancia.
- **Música ambiental:** Adapta el género musical al horario. Jazz suave para la cena o música más animada durante el almuerzo.

Consejo práctico: Realiza pruebas con diferentes configuraciones y solicita feedback de los clientes para ajustar el ambiente según sus preferencias.

Coherencia en la imagen corporativa

Desde los uniformes del personal hasta el diseño del menú, todo debe reflejar tu marca y lo que representa. La coherencia genera confianza y mejora la experiencia del cliente.

Check-list para una imagen corporativa coherente:

1. Logo visible en elementos clave (menús, servilletas, uniformes).

2. Uso de una paleta de colores consistente en todos los materiales.
3. Fotografías profesionales de los platos en la carta o redes sociales.

Ejemplo: Si tu restaurante se especializa en comida saludable, utiliza materiales reciclados en los menús y uniformes con tonos verdes o blancos para reforzar la idea de frescura.

Limpieza y organización: más que un estándar

Un restaurante limpio y bien organizado no solo transmite profesionalismo, sino que también genera confianza en los clientes. Desde los baños hasta las mesas, todo debe estar impecable.

Tips para mantener la limpieza:

- Establece horarios regulares de limpieza profunda.
- Implementa un protocolo diario para revisar áreas críticas como baños y mesas.
- Usa ambientadores sutiles o velas aromáticas que no compitan con el olor de la comida.

El mensaje detrás de la imagen

Tu imagen no es solo lo que los clientes ven, sino lo que sienten y recuerdan. Asegúrate de que cada interacción, ya sea en persona o a través de tus redes sociales, transmita un mensaje claro sobre quién eres y qué ofreces.

Preguntas para definir tu mensaje:

- ¿Qué emociones quieres que experimenten tus clientes?
- ¿Qué valores quieres destacar en tu restaurante?
- ¿Qué diferencia a tu negocio del resto?

Ejemplo práctico: Un restaurante familiar puede reforzar su mensaje utilizando frases como "Donde la tradición se une al sabor" y fotos de generaciones cocinando juntas.

El poder del feedback

La percepción de tu imagen está influenciada por la experiencia del cliente. Escuchar sus opiniones es crucial para detectar áreas de mejora.

Cómo recopilar feedback:

- Encuestas digitales enviadas tras la visita.
- Reseñas en plataformas como Google o TripAdvisor.
- Observación directa y conversaciones con los clientes.

Tip adicional: Crea un sistema de recompensas para clientes que participen en encuestas o dejen reseñas. Esto no solo te dará información valiosa, sino que incentivará su fidelidad.

La venta como una experiencia personalizada

Vender en un restaurante no se limita a tomar pedidos; se trata de guiar al cliente a través de una experiencia memorable que exceda sus expectativas. Esto incluye identificar sus preferencias, sugerir combinaciones personalizadas y ofrecer un servicio que los haga sentir valorados.

Consejo práctico: Entrena a tu personal para que haga preguntas abiertas como:

- "¿Le apetece probar algún entrante para compartir?"
- "¿Prefiere un vino suave o más intenso para acompañar este plato?"

Estas preguntas abren la puerta a recomendaciones personalizadas y aumentan el ticket promedio.

Técnicas de ventas dirigidas y cruzadas

- **Ventas dirigidas:** Ofrecer productos de mayor valor o especialidades de la casa. Ejemplo: "Nuestra recomendación para hoy es el entrecot al punto con una salsa especial de la casa".
- **Ventas cruzadas:** Sugerir complementos que enriquezcan la experiencia del cliente. Ejemplo: "Este plato combina perfectamente con nuestro vino tinto de reserva".

Tip adicional: Implementa un pequeño guion para que el equipo de sala practique estas técnicas sin que suenen forzadas.

Gestión de quejas: una oportunidad disfrazada

Las quejas pueden ser incómodas, pero son una herramienta poderosa para identificar áreas de mejora. Una queja gestionada correctamente puede transformar a un cliente descontento en un embajador de tu marca.

Pasos para gestionar quejas:

1. Escucha atentamente sin interrumpir.
2. Empatiza y reconoce el problema. Ejemplo: "Lamento mucho que no haya disfrutado de su plato. Permítame solucionarlo de inmediato".
3. Ofrece una solución: puede ser un reemplazo, un descuento o una invitación a regresar.

Tip: Capacita a tu personal para actuar con calma y profesionalismo en estas situaciones. Esto refuerza la percepción de calidad y compromiso con el cliente.

La importancia del lenguaje corporal

El lenguaje corporal puede comunicar mucho más que las palabras. Una sonrisa genuina, un contacto visual adecuado y una postura abierta generan confianza y comodidad en los clientes.

Ejemplo práctico: Un camarero que se inclina ligeramente al hablar con el cliente muestra atención y disposición, mientras que cruzar los brazos puede interpretarse como desinterés.

Fidelización: más allá de la primera visita

La fidelización no termina con una buena experiencia; es necesario crear estrategias para mantener a los clientes regresando.

Estrategias para fidelizar:

1. **Tarjetas de lealtad:** Ofrecer una recompensa después de un número determinado de visitas.
2. **Programas de cumpleaños:** Un detalle especial como un postre gratis o un descuento.
3. **Seguimiento digital:** Enviar agradecimientos y promociones personalizadas por correo electrónico o WhatsApp.

Capacitación constante para el equipo

El personal de atención al cliente es el rostro del restaurante. Invertir en su formación continua no solo mejora el servicio, sino que también aumenta su motivación.

Áreas clave de formación:

- Técnicas de resolución de conflictos.
- Conocimiento profundo de la carta y los alérgenos.
- Habilidades de comunicación efectiva.

Ejemplo práctico: Realiza simulaciones donde el personal practique cómo manejar diferentes tipos de clientes, desde los indecisos hasta los más exigentes.

Pequeños detalles, grandes impactos

Los detalles son los que hacen que un cliente recuerde su experiencia y desee repetirla. Acciones simples como recordar el nombre de un cliente frecuente o personalizar un plato según sus preferencias pueden marcar la diferencia.

Tip: Crea un registro sencillo donde el equipo pueda anotar las preferencias de los clientes habituales. Esto no solo mejora la experiencia, sino que también fortalece la relación con ellos.

La importancia de una estrategia digital sólida

Hoy en día, la presencia online no es opcional; es un requisito para llegar a nuevos clientes y mantener a los actuales comprometidos. Sin embargo, una estrategia digital efectiva va más allá de tener perfiles en redes sociales; se trata de conectar con el público objetivo de manera auténtica.

Consejo práctico: Define un calendario de publicaciones con contenido variado, como:

- Historias detrás de tus platos.
- Promociones exclusivas para seguidores.
- Testimonios de clientes satisfechos.

Ejemplo: Publica en Instagram una receta breve de uno de tus platos estrella, invitando a los clientes a probarla en tu restaurante.

El poder de las redes sociales

Las redes sociales son una herramienta poderosa para interactuar con los clientes y atraer a nuevos. Cada plataforma tiene su propio público y propósito:

- **Instagram:** Perfecto para mostrar fotos de alta calidad de tus platos y ambiente.
- **Facebook:** Ideal para promociones, eventos y contenido que fomente la interacción.
- **Google My Business:** Una herramienta esencial para aparecer en búsquedas locales.

Tip adicional: Responde siempre a los comentarios y mensajes de los clientes, ya sean positivos o negativos. Esto demuestra tu compromiso con la satisfacción del cliente.

Estrategias de fidelización efectivas

La fidelización es clave para convertir clientes ocasionales en habituales. Crear un programa de recompensas o experiencias personalizadas puede marcar la diferencia.

Ejemplos de programas de fidelización:

1. **Tarjetas de puntos:** Por cada visita, el cliente acumula puntos canjeables por descuentos o productos gratuitos.
2. **Suscripciones VIP:** Ofrece beneficios exclusivos, como acceso anticipado a nuevos menús o eventos privados.
3. **Promociones cruzadas:** Colabora con otros negocios locales para ofrecer descuentos conjuntos.

Eventos temáticos y colaboraciones

Los eventos temáticos son una excelente manera de atraer a nuevos clientes y crear experiencias memorables. Piensa en cenas de degustación, noches de música en vivo o talleres culinarios.

Ejemplo práctico: Organiza una "Cena de vinos" en colaboración con una bodega local. Los clientes pueden disfrutar de un menú especial maridado con diferentes vinos, lo que también fomenta la venta de productos premium.

Estrategias de email marketing

El correo electrónico sigue siendo una de las herramientas más efectivas para llegar a los clientes. Es perfecto para mantenerlos informados sobre eventos, promociones y noticias del restaurante.

Consejos para un email efectivo:

- Usa un asunto atractivo. Ejemplo: "¡Descubre nuestro nuevo menú de temporada!"
- Personaliza el contenido con el nombre del cliente.
- Incluye llamadas a la acción claras, como "Reserva ahora" o "Descubre más".

El marketing de boca a boca sigue vigente

La recomendación de un cliente satisfecho es invaluable. Potencia esta estrategia creando incentivos para que tus clientes actuales inviten a otros.

Ejemplo: Ofrece un descuento o un postre gratis a los clientes que recomienden tu restaurante a amigos.

Optimización del sitio web

Si tienes un sitio web, asegúrate de que sea rápido, fácil de navegar y compatible con dispositivos móviles. Los clientes valoran la comodidad de poder consultar el menú o hacer reservas en línea.

Elementos esenciales para el sitio web:

- Página de inicio atractiva con imágenes de alta calidad.
- Información clara sobre horarios, dirección y contacto.
- Opiniones de clientes y una sección de preguntas frecuentes.

El contenido visual importa

En el mundo digital, las imágenes y los videos son el rey. Invierte en fotografías profesionales de tus platos y en videos cortos que muestren el ambiente del restaurante.

Ejemplo práctico: Publica un video de 30 segundos en tus redes sociales mostrando cómo se prepara tu plato más popular.

Publicidad digital dirigida

Si el presupuesto lo permite, utiliza campañas de publicidad en redes sociales y motores de búsqueda para atraer a tu público objetivo. Segmenta tus anuncios por ubicación, intereses y comportamiento de compra.

Ejemplo: Un restaurante de cocina mediterránea puede orientar anuncios a personas interesadas en comida saludable dentro de un radio específico.

Planificación Financiera y su Impacto en el Negocio y los Empleados

¿Qué es la planificación financiera y por qué es clave para tu negocio?

La planificación financiera es el proceso de organizar, gestionar y prever los recursos económicos de tu negocio para garantizar su sostenibilidad, crecimiento y resiliencia ante imprevistos. No se trata solo de números, sino de crear un mapa que te permita tomar decisiones inteligentes, minimizar riesgos y alcanzar tus metas con seguridad.

En un negocio de hostelería, donde las fluctuaciones en la demanda, los costos de los insumos y los cambios económicos pueden ser impredecibles, una buena planificación financiera es como un faro que guía tus decisiones, evitando errores costosos y fortaleciendo tus resultados.

Ejemplo práctico: Imagina que identificas tus gastos recurrentes y reservas un fondo de emergencia que cubra tres meses de costos fijos. Cuando llega una temporada baja, puedes mantener el negocio operando sin recurrir a deudas innecesarias.

Beneficios clave para tu negocio

1. **Visión a largo plazo:** Te permite prever necesidades futuras, como una reforma, la apertura de un nuevo local o la contratación de más personal.
2. **Estabilidad en tiempos de crisis:** Tener un plan de contingencia te protege de los imprevistos que podrían poner en riesgo tu negocio.
3. **Optimización de recursos:** Detectas áreas donde puedes ahorrar o invertir para maximizar tus beneficios.

Consejo práctico: Programa revisiones trimestrales para ajustar tu planificación según las variaciones del mercado y la evolución del negocio.

Planificación financiera como incentivo para empleados

En lugar de ofrecer incentivos tradicionales como vales de comida o descuentos, proporcionar a tus empleados educación financiera puede ser mucho más transformador. Este enfoque no solo mejora su calidad de vida, sino que también fortalece su relación con el negocio y su compromiso con su desempeño.

Por qué funciona mejor que otros incentivos:

- **Impacto duradero:** Mientras que un vale restaurante tiene un efecto inmediato, la educación financiera les enseña habilidades que pueden cambiar su vida para siempre.
- **Reducción del estrés:** Ayudarles a gestionar su economía familiar disminuye su carga emocional y mejora su concentración en el trabajo.

- **Empoderamiento personal:** Les permite alcanzar metas como comprar una vivienda, ahorrar para emergencias o planificar su jubilación.

Cómo implementarlo en tu negocio

1. **Sesiones formativas:** Organiza talleres periódicos donde los empleados aprendan a elaborar presupuestos, gestionar deudas o planificar ahorros.
2. **Consultas personalizadas:** Facilita el acceso a expertos que puedan analizar su situación financiera y proponer estrategias concretas.
3. **Plan de ahorro colectivo:** Crea un programa de incentivos donde la empresa aporte a un fondo común que ellos puedan usar para alcanzar metas importantes.

Ejemplo práctico: Un taller sobre "Cómo organizar tus finanzas familiares" puede incluir ejercicios prácticos como calcular los gastos esenciales frente a los prescindibles, o diseñar un plan de ahorro basado en objetivos claros.

El impacto positivo en el negocio

Cuando los empleados sienten que su empresa se preocupa por su bienestar más allá del trabajo, se genera un ambiente de confianza, motivación y lealtad. Esto se traduce en:

- Mejor atención al cliente: Un equipo comprometido y tranquilo se refleja en un servicio más eficiente y cálido.
- Menor rotación de personal: Los empleados valoran más a empresas que invierten en su desarrollo personal.

- Mejora de la productividad: Sin las preocupaciones financieras, pueden concentrarse plenamente en su trabajo.

Consejo práctico: Comunica a tu equipo que este incentivo no es solo una herramienta para el presente, sino una inversión en su futuro y el de sus familias.

Planificación financiera aplicada al propietario del negocio

Como dueño de un restaurante, es crucial que apliques la misma educación financiera a tus propias finanzas. Entender la diferencia entre ingresos personales y empresariales, gestionar correctamente los impuestos y construir un fondo de ahorro sólido son pasos fundamentales para garantizar que tu negocio no solo sobreviva, sino que prospere.

Ejemplo práctico: Un plan financiero personal bien estructurado te permitirá reinvertir en tu negocio, cubrir imprevistos y disfrutar de una vida más equilibrada sin depender exclusivamente de los ingresos diarios del restaurante.

Conclusión

La planificación financiera no es un lujo, es una necesidad. Tanto para el negocio como para las personas que forman parte de él, contar con estrategias claras de gestión económica asegura estabilidad, crecimiento y tranquilidad. Transformar la vida de tus empleados a través de la educación financiera no solo los beneficia a ellos, sino que también fortalece tu negocio, creando un equipo comprometido y resiliente frente a cualquier desafío.

Conclusiones:

Gestionar un restaurante exitoso no es una cuestión de suerte, sino el resultado de una planificación consciente, un enfoque estratégico y una pasión por el trabajo bien hecho. A lo largo de este libro hemos explorado claves fundamentales que, aplicadas con dedicación, pueden transformar cualquier negocio de hostelería en un referente del sector.

1. Construyendo las bases del éxito:
El primer paso hacia un negocio sólido y sostenible comienza con un equipo humano motivado, bien formado y alineado con los valores del negocio. Invertir en las personas que forman parte de tu proyecto no solo fortalece el ambiente laboral, sino que también se traduce en un mejor servicio al cliente y, en última instancia, en mayores beneficios.

2. Creando una oferta gastronómica que conecte:
La especialización y la autenticidad en tu carta no son solo una tendencia, sino una estrategia esencial para destacar en un mercado competitivo. Una oferta bien diseñada y gestionada, basada en el control de costos y la calidad, es la mejor herramienta para fidelizar a tus clientes.

3. Cuidando cada detalle de la experiencia:
Desde la imagen de tu negocio hasta la manera en que interactúas con tus clientes, cada detalle importa.

La percepción del cliente se construye en cada interacción, y un mensaje coherente, una atención excepcional y una comunicación efectiva son la clave para garantizar que cada visita sea memorable.

4. Impulsando las ventas y la fidelización:
El éxito no está solo en atraer nuevos clientes, sino en mantener a los que ya tienes. Aplicar técnicas de ventas dirigidas, gestionar adecuadamente las quejas y ofrecer experiencias personalizadas son pilares para construir relaciones duraderas con tus clientes. Recuerda, un cliente satisfecho no solo vuelve, sino que también recomienda.

5. Aprovechando el poder del marketing y la digitalización:
La presencia digital bien gestionada amplifica tu mensaje y te conecta con un público más amplio. Ya sea a través de redes sociales, email marketing o tu sitio web, cada herramienta es una oportunidad para comunicar quién eres y qué ofreces. Pero no olvides: una estrategia digital efectiva siempre debe estar respaldada por una experiencia impecable en el mundo físico.

6. Asegurando el futuro con planificación financiera:
Un negocio sostenible no solo se construye sobre buenos resultados, sino también sobre una gestión financiera inteligente. Establecer una planificación económica clara, tanto para el negocio como para tus empleados, garantiza estabilidad y crecimiento, incluso en tiempos de

incertidumbre. Invertir en la educación financiera de tu equipo es una apuesta que beneficia a todos, creando un entorno más sólido y confiable.

Este libro no pretende ser una guía exhaustiva, sino una brújula para ayudarte a identificar las áreas clave de tu negocio y tomar acción de manera estratégica. Como profesional con más de 30 años de experiencia, he compartido contigo aprendizajes reales, estrategias comprobadas y herramientas prácticas que espero te inspiren y guíen en tu camino hacia el éxito.

Recuerda: cada negocio tiene su propio ritmo y particularidades, pero el enfoque correcto, la constancia y la adaptabilidad son universales. No olvides cuidar de ti, de tu equipo y de tus clientes, porque ellos son los pilares que sostendrán tu visión.

Ahora es tu turno. Aplica lo que has aprendido, experimenta, ajusta y crece. Estoy convencida de que tienes todo lo necesario para llevar tu restaurante al siguiente nivel.

¡Nos vemos en el camino hacia el éxito!

www.EmComSoluciones.es   mayte@emcomsoluciones.es
+34 671 467 004

www.ingramcontent.com/pod-product-compliance
Lightning Source LLC
Chambersburg PA
CBHW040224220526
45473CB00001B/113